T0267182

CASI TODO BAXTER

GLEN BAXTER (Leeds, 1944) ha publicado muchos libros desde los setenta, entre los que se cuentan *El rayo inminente* (Anagrama), *Los crímenes de la mesa de billar* y *Ventiscas de tweed*. Su trabajo ha aparecido en *The New Yorker, Vanity Fair, Elle, Vogue, Le Monde, The Observer* y *The Independent on Sunday*. Es Chevalier de l'Ordre des Arts et des Lettres, y expone frecuentemente en Nueva York, Ámsterdam, París o Londres, donde reside.

MARLIN CANASTEEN es el autor de *La trilogía balear* y de la aclamada biografía del gran poeta americano Richard Griffin. Sus libros se han traducido a quince idiomas. Durante muchos años trabajó como asesor de seguridad en la Sociedad Bolick para la Conservación de la Mandolina en Duluth, Minnesotta. En la actualidad vive en Toledo, Ohio.

Título de la edición original:
Almost Completely Baxter. New and Selected Blurtings
New York Review Comics
Nueva York, 2016

Ilustración: © Glen Baxter
Maquetación, diseño y rotulación: Sergi Puyol

Primera edición: junio 2017

© EDITORIAL ANAGRAMA, S. A., 2017
   Pedró de la Creu, 58
   08034 Barcelona

ISBN: 978-84-339-0143-9
Depósito Legal: B. 10756-2017

Printed in Spain

Unigraf, S. L., av. Cámara de la Industria, 38 - Polígono Industrial Arroyomolinos
28938 Móstoles

CASI TODO BAXTER

NUEVAS Y ESCOGIDAS OCURRENCIAS

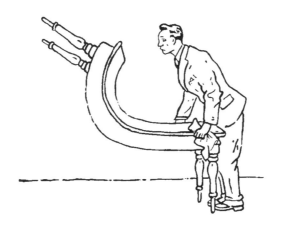

GLEN BAXTER

Prólogos de
JOAQUÍN REYES y **JORDI COSTA**

Introducción de
MARLIN CANASTEEN

Traducción de
DAMIÀ ALOU

EDITORIAL ANAGRAMA
BARCELONA

«¿QUÉ OS PARECE SI ECHO OTRO BAXTER?»,
DIJO EL ENTERADO.

SINSENTIDO Y SENSIBILIDAD

ANAGRAMA ME ENCARGÓ el prólogo de este libro, sirva este intercambio de mails como tal:

Querido Joaquín:

¡Qué bien que hayas aceptado el encargo! ¿Te llegó el libro?
Espero tus noticias.
Un saludo

Querida Editora:

Sí, está en mi poder y me lo he leído de cabo a rabo. ¡Es espectacular! ¡Enhorabuena! Soy muy fan de Baxter, de sus bandas sonoras, por supuesto, pero sobre todo de cómo revolucionó la música melódica incorporando sonidos y estilos musicales de la Polinesia, África y Sudamérica..., creando así el género «exótica». Deseando estoy empezar.
Un abrazo

Querido Joaquín:

Tal vez estés hablando de otro Baxter: se trata de Glen, no de Les. ¿Seguro que tienes el libro?
Un saludo

Querida Editora:

Perdona, el anterior mail lo escribió mi hija. Tengo clarísimo que estamos hablando de Glen Baxter. Me pongo con el prólogo en breve.
Abrazo

Querido Joaquín:

Una curiosidad: ¿ese mail lo escribió tu hija de ocho años?

Saludos

Querida Editora:

Cuando dije mi hija quería decir mi mayordomo... JAJAJAJAJÁ, maldito corrector... Por cierto, he revisado el libro, y lo que he encontrado, sobre todo, es un montón de viñetas raras. ¿Es correcto?

Abrazo

Querido Joaquín:

¿«Viñetas raras»? ¿A qué te refieres exactamente?

Querida Editora:

No es que estén mal dibujadas –ni bien–, lo que quería decir es que las imágenes parecen sacadas de cómics antiguos o, si me apuras, de fotogramas de películas clásicas y..., no sé..., el texto no tiene mucho que ver, por eso decía que eran raras.

Como humorista gráfico lo encuentro muy perturbador, parece que en sus viñetas la forma y el fondo están en plena pelea en el barro.

Aun así lo tengo todo bastante claro y creo que me va a quedar un prólogo muy guay.

Un besito

Querido Joaquín:

Obviamente el cine es una gran influencia para Glen Baxter; según decía él mismo en una entrevista: «Crecí en una ciudad industrial después de la Segunda Guerra Mundial. El único escape al aburrimiento y la grisura de aquella época era la biblioteca local, y sobre todo el cine. Solía ir tres veces por semana –que era cuando cambiaban las películas–. Recuerdo entrar en aquella cueva oscura con la enorme pantalla parpadeante llena de escenas de aventuras y acción, de películas que a veces ya estaban empezadas. También recuerdo momentos de humor absurdo, como la primera vez que vi a los hermanos Marx –mi favorito fue siempre Harpo–. Supongo que todo mi amor por el caos y las narraciones fracturadas viene de aquellos días; de ver las películas a medias, escenas sueltas, cintas de géneros distintos que se sucedían unas detrás de otras: westerns, gángsters, aventuras exóticas... Quizá fue en mi infancia cuando aprendí surrealismo a base de ese batiburrillo de películas.»

Por otra parte Glen no se considera humorista gráfico, ni tampoco dibujante de cómics: más bien se considera un artista, en el sentido estricto de la palabra. En esa misma entrevista manifestaba: «Cuando salí de la Escuela de Arte apenas había tenido contacto con los cómics, durante los años cincuenta y sesenta no fui un gran lector de ellos. De niño me gustaba mucho el *Krazy Kat* de Herriman, aunque en mi obra me influyeron más pintores como De Chirico, Magritte o por ejemplo Max Ernst, cuyos collages me encantaban: eran espeluznantes, inquietantes, absurdos y a la vez divertidos; justo el tipo de cosa que yo quería hacer, pero, claro, Ernst ya lo había hecho, así que... ¿por dónde tirar? Llevaba tiempo coleccionando viejos cuentos infantiles, no sólo porque me gustaban, sino además porque presentía que me «servirían» para algo. Los compraba en mercadillos, muy baratos, y me encantaban sus portadas en color y sus ilustraciones interiores en blanco y negro. Entonces me di cuenta de que aquella podía ser mi materia prima igual que para los collages de Ernst lo habían sido los viejos grabados decimonónicos. Intuí que podía alterar el significado de aquellos materiales por completo cambiando sólo un poco las cosas. Por entonces estaba leyendo a Kafka y a Raymond Roussel, de modo que también me influyeron mucho en ese periplo mío hacia el absurdo. El paso siguiente fue evitar caer en la trampa del collage, es decir, no hacer lo mismo que hubiese hecho Ernst, sino inspirarme en la sencillez y lo naíf de la ilustración infantil pero hacerlo con mi propio trazo.

Por eso, aunque más tarde mi trabajo ha sido reconocido por ciertos especialistas en cómics, sobre todo en Francia, yo nunca hice nada pensando en gustar a ese tipo de lectores. Tampoco tengo mucho que ver con los dibujantes satíricos, que la mayoría de las veces se dedican al humor político. Lo mío se aleja bastante de eso, aunque eso no quiere decir que no pueda gustar a gente que aprecia el humor gráfico en general.»

Bueno, espero que esto te sirva de ayuda.

Un saludo

Querida Editora:

Lo que me cuentas es una movida muy tocha, pero ya lo sabía, gracias. De todas formas, te informo de que el prólogo ya está acabado y tiene forma de poema:

PRÓLOGO URGENTE PARA BAXTER
Un plato con altramuces.
Llevan americanas de tweed y capirotes.
Tocan unos ukeleles chiquiticos.
Me sonríen.
Me guiñan el ojo.
Me dicen: «Eres más tonto que afilamazas.»
Hay un JI y después un JO.
Les grito súbitamente:
«A por uno voy,
dos vengáis,
y si venís tres,
no os caigáis.»

EPÍLOGO
Hoy he soñado con alegría
que era melón mi culo
y tú me lo olías.

Querido Joaquín:

Gracias por tu prólogo, es muy original. Te doy la enhorabuena.

De todas formas, al final hemos decidido utilizar el prólogo de *El rayo inminente*, el libro de Baxter que publicamos hace unos años.

Te agradecemos de nuevo el empeño.

Un abrazo.

P. D.: No pierdas eso que te hace único.

Querida Editora:

¡¡Pero si ese libro que me dices no tenía prólogo!!

JOAQUÍN REYES

EL MISTERIO BAXTER
Unas tentativas de explicación

EN LA PORTADA de *Tintín en el Tíbet*, el pulcro reportero, su amigo el capitán Haddock y el sherpa Tharkey se encuentran, sobre la nevada superficie del Himalaya, con las primeras huellas del Abominable Hombre de las Nieves, que el perro Milú olfatea con precavida curiosidad. Podría servir cualquier otro ejemplo de entre el canónico corpus del célebre icono de la historieta europea: por ejemplo, la portada de *La isla negra,* donde Tintín, dando la espalda al lector en contraste con un Milú que busca nuestra mirada con gesto perplejo, se dirige en una canoa motora hacia el castillo que preside un escarpado islote, atravesando un mar rizado bajo un cielo crepuscular y nuboso, en el que las gaviotas semejan cuervos. O murciélagos. Hergé fue un artista dotado para capturar el momento preciso en el que la posibilidad de la aventura cobra forma, el instante justo en el que sus héroes están a punto de dar el paso que marca el tránsito de la normalidad a la maravilla, de lo cotidiano a lo posible.

Si hay que aproximarse a una figura como la de Glen Baxter, a quien se conoce también con el sobrenombre de Coronel Baxter, uno intuye que el camino no puede ser el mismo que el que tuvo que recorrer Marlow para encontrar a ese tratante de marfil al que una célebre adaptación cinematográfica también concedió el rango de coronel: Kurtz. La ruta tiene que ser forzosamente distinta, aunque al final de los dos caminos haya un enigma, que en el caso de Kurtz cobraba la forma de una Oscuridad Absoluta y en el de Baxter se parece quizá más al de un paradigmático Caso de la Habitación Cerrada con un chiste en su interior. O una coliflor en su interior. No hay que remontar ríos salvajes en junglas ignotas, sino, con mayor propiedad, recorrer las sendas de cierta formalidad académica.

Recurramos, pues, al diccionario. Entre las acepciones que el Diccionario de la Real Académica recoge del término «aventura», quedémonos con dos: «1. Acaecimiento, suceso o lance extraño. 2. Empresa de resultado incierto o que presenta riesgos.»

Es fácil caer bajo el hechizo de los viejos carteles publicitarios de películas de aventuras, preferiblemente de serie B, o el de las portadas de rancias novelas pulp. También resulta sencillo detectar en todas ellas formas de talento muy diversas a la hora de aislar el momento prometedor que llevará al público a desear sumergirse en esa película o al lector embarcarse en esa lectura: casi ninguno de esos ilustradores tuvo la habilidad de Hergé para detenerse en el instante justo, en la perfecta zona de ambigüedad, en el preciso instante de suspensión de la incredulidad donde el héroe se enfrenta a la inminencia de algo que en esa imagen sólo se manifiesta de forma intangible. Las portadas de las aventuras de Tintín son, en el fondo, una colección de momentos sagrados, de rituales de tránsito que perderían todo su sentido profundo de haber sido capturados un segundo antes o un segundo después. Al mismo tiempo, todo incondicional de Glen Baxter sabe que bastaría una concisa frase del Coronel para corromper esa magia, invocando –y provocando– otro lenguaje sagrado: el de la risa.

Volvamos al diccionario. La primera acepción del término «misterio» que recoge el Diccionario de la Real Academia es la de «Cosa arcana o muy recóndita que no se puede comprender o explicar». Sería legítimo pensar que el misterio es, por tanto, algo inaprensible, una materia que la racionalidad jamás podrá domeñar, y, sin embargo, el misterio ha sido precisamente una zona de imantación para todo firme creyente en la lógica que esté dispuesto a cartografiar hasta el ángulo más recóndito de la realidad. En esa atracción del racionalista por lo aparentemente inexplicable cabría enraizar una tradición cultural de tanto arraigo británico como la novela o el relato de misterio, entre cuyos máximos representantes se encuentra una figura que quizá se parezca más al Coronel de lo que se diría a simple vista: G. K. Chesterton, creador de ese Padre Brown que, enfrentado a casos que parecían sugerir la injerencia de lo diabólico, acababa encontrándoles una solución comúnmente asociada a la fragilidad humana. En ese breve tramo de incertidumbre entre la posibilidad pavorosa y la explicación trivial se manifestaba una energía parecida a la que

Hergé supo captar en las portadas de las aventuras de Tintín. Chesterton fue el primer presidente del Detection Club, que, formado en 1930, reunió a la flor y nata de los escritores británicos de relatos enigma y veló por mantener las creaciones de sus miembros bajo un estricto código de juego limpio, sintetizado en un decálogo formulado por Roland Knox el año anterior a la fundación del colectivo. En su intento de reglamentar el juego con lo supuestamente inexplicable, de aportar racionalidad al flirteo con el enigma, algunas de las reglas de oro se asemejan a lo que podría ser un pie de ilustración en un característico trabajo del Coronel Baxter. Por ejemplo:

No debe figurar ningún chino en la historia

o

Los gemelos, o los dobles en general, no deben aparecer a menos que estemos debidamente preparados para ello

Si en la aventura y el misterio encontramos el lugar o el momento sagrado que es ese tramo suspendido entre la expectativa y la realización, lo mismo ocurre con el mecanismo que opera en el fondo de toda manifestación humorística: el gag. En ese caso, el momento sagrado es la pausa, la espera antes de que llegue el estallido que se manifestará casi siempre en forma de sorpresa o paradoja. Existe, pues, un territorio común donde aventura, misterio y humor encuentran su más elevado poder de seducción. Habrá aventuras resueltas a través del cliché y el lugar común, misterios de resolución decepcionante y chistes rematados con torpeza o vulgaridad, pero el estado entre la potencia y el acto habrá sido siempre valioso, una zona galvánica, cargada de todas las posibilidades.

La obra de Glen Baxter se levanta sobre ese territorio común. Sus imágenes impostan el registro de una ilustración extraída de una vieja novela de aventuras o misterio, preferentemente alejada de todo prestigio académico. Sus personajes pueden ser arqueros medievales, exploradores de junglas hostiles, cowboys, detectives o eminencias académicas. Y las concisas frases que los acompañan al pie, habitualmente de una extrema formalidad con constante recurso a la voz anacrónica, afectada o en desuso, son instrumentos que, lejos de doblegar lo potencialmente prodigioso para llevarlo al terreno de lo desalentadoramente prosaico, abren la puerta a la paradoja inagotable, a la perpetua broma surreal, a una improbabilidad risueña que no pierde las formas ni siquiera ante el colapso del sentido. En una pieza de humor gráfico de Baxter, el momento sagrado es la pequeñísima fracción de tiempo que nos lleva de la contemplación de una imagen que habla de portento y aventura a la lectura de una frase que propende a la fractura y el delirio.

En sus elegantes choques entre la extrema afectación y la no menos extrema tontería el humor de Glen Baxter se revela como gesto estético inconfundiblemente británico: sus viñetas son la respuesta sistemática, en entregas regulares, a una cultura fundada en la represión del instinto. Una cultura que ha dedicado, tradicionalmente, la energía engendrada por esa frustración a elaborar intrincados códigos, reglas y protocolos. Un pie de ilustración de Glen Baxter sólo puede ser leído con la neutralidad, levemente arrogante, de un locutor de la BBC con la camisa abotonada hasta el cuello y un buen par de gemelos de plata cerrando cada puño. Cada una de sus obras es un pulso en el que la Forma le pierde la partida a un Caos liberador. No es extraño que alguien como John Cleese sea coleccionista de su arte: el creador de los *silly walks* ha hablado muchas veces el mismo idioma que este saboteador de formalidades a través de un absurdo servido como la elegante y circunspecta invitación a no entrar en las instalaciones de un club privado.

También es fácil entender por qué Glen Baxter encontró a un cómplice al otro lado del charco en la figura de Edward Gorey, ese decadentista amante de los gatos que, ilustrando perversos espejismos de cuento infantil o capturando en fascinantes libros el espíritu del vodevil de infidelidades o el folletín de amores contrariados, probablemente soñaba con ser el más esquivo de los artistas victorianos. En Baxter también hay un esteta, aunque sus materiales evoquen antes el imaginario de un primitivo serial de la Republic que la exquisitez de una mansión art déco: en sus manos, las imágenes de derribo son redimidas por la gracia de un sinsentido que se manifiesta de formas siempre insólitas y, al mismo tiempo, construye un mundo de frágil coherencia donde los vaqueros se enfrentan a la amenaza del arte no figurativo, las serpientes pueden devorar las obras completas de Alberto Manguel o las damiselas en apuros son sustituidas por frutas y verduras en situaciones de peligro inminente.

Como Gorey o como los creadores del Oulipo, Glen Baxter es un artista que se crece ante el desafío de la limitación, ante la presión del corsé. Si bien el grueso de su obra se centra en su particular apropiación de la pieza única de humor gráfico –habitualmente recopilada en libros de especialidad temática no siempre manifiesta–, Baxter también ha tanteado la novela ilustrada –como en la excepcional *Los crímenes de la mesa de billar. Un misterio de Gladys Babbington Morton* (1990)–, proponiendo imaginativos juegos con la alternancia de imágenes y textos, y, tal y como recoge este mismo volumen, ha experimentado asimismo con la prosa delirante, planteándose el reto de sobrecargar cada frase de una promesa que jamás encontrará correspondencia con la siguiente, ni satisfacción en la construcción de un sentido último. En otros casos, Baxter ha explorado los registros sumamente formales del Manual de Sexualidad o el Libro de Recetas Culinarias. En *El maravilloso libro del sexo* (1995), Baxter asumía a ratos la voz de un atildado sexólogo repeinado con gafas de concha que, en determinados momentos del libro, desgranaba su sapiencia en la especialidad haciendo gala de una pulcritud expositiva claramente baxteriana: «Bélgica parece ser objeto de millares de chistes. Eso resulta claramente injusto. Los belgas son gente normal y trabajadora. En un intento de equilibrar la situación, aquí les presento una imagen de dos jóvenes belgas disfrutando de una tarde de sexo desinhibido.» En la imagen, en una habitación neutra y parcamente decorada, un muchacho, moreno y trajeado, está colocado sobre un taburete bajísimo, mientras sostiene un cordel cuyo extremo opuesto se introduce en el cuello de una botella dispuesta sobre una silla apoyada en la pared. A su espalda, otro joven, rubio y también trajeado, acaricia la espalda de su amigo sirviéndose de una descomunal oruga de campo. A sus pies, un pequeño capirote abandonado en el suelo. Es más que probable que la descripción sumaria de este chiste no les haya hecho demasiada gracia. Les garantizo que si vieran el dibujo de Baxter estarían tronchándose en el suelo. Así de delicado es su arte: algo que no puede contarse, porque es tan sagrado como el instante que capturaba Hergé en las portadas de las aventuras de Tintín, o como todo lo que se le pasa por la cabeza a un lector de los cuentos del Padre Brown entre la manifestación del misterio y la resolución del enigma. Es algo, en suma, imposible de transmitir, que tiene que experimentarse.

Uno podría sentirse tentado de pensar que existe una receta para obtener un Baxter: se coge a un muchacho de Leeds, se le somete a tardes de sesión doble en un cine de barrio durante un buen número de años de formación y aburrimiento, se le regala, por ejemplo, un ejemplar de *Une semaine de bonté* de Max Ernst antes de introducirle en el surrealismo, se le expone a la obra de los poetas de Nueva York, con John Ashbery a la cabeza, y se le pone a dibujar. Pero no, probablemente no bastaría con eso. Pasen página y descubran, pues, por qué lo de Baxter es único. E inimitable.

JORDI COSTA

INTRODUCCIÓN

CUANDO ERA un reportero novato, mi primer encargo consistió en entrevistar al hombre al que llaman Coronel Baxter. Cogí mi lápiz y mi cuaderno y me dirigí a los terrenos de la residencia Baxter, en un remoto rincón del sur de Londres. El taxi frenó con un chirrido junto a la cerca. El taxista se negó a cobrarme y se perdió entre la niebla.

Di un paso al frente para inspeccionar el círculo de antiguos cañones chinos que protegían los descuidados setos de formas decorativas que conducían a la primera de una serie de garitas de vigilancia. Tras cruzar diversos controles, acabé en el porche de una destartalada mansión victoriana. Llamé al timbre y un mayordomo me hizo pasar al vestíbulo, donde una cimera ornamentada proclamaba: TOFU CAMINA CONMIGO.

A los pocos minutos apareció el gran hombre, se quitó el salacot y me tendió la mano:

–Pase –anunció–, y tome asiento.

Crucé el vestíbulo y, siguiendo las indicaciones de Baxter, me senté en una silla Bath de mimbre, silla que, según él, era la réplica exacta de la que utilizó Annie B. Hore en su viaje por África mientras escribía su obra magna *Al lago Tanganica en una silla Bath*.

Señaló un gran mapamundi algo descolorido.

–¡Esto es Yorkshire! –gritó Baxter mientras señalaba un rectángulo chamuscado justo encima de Oslo.

Comprendí que me hallaba en presencia de alguien insigne o, cuando menos, de un maníaco.

–¿Té? –prosiguió, indicando la puerta de la biblioteca.

En unas estanterías de roble se alineaban unos volúmenes encuadernados en piel que llevaban títulos como *Serpiente para cenar,* de Fred Baxter, y *La caza del alce en Suecia,* de George Washington Baxter.

Nervioso, saqué mi lápiz Platinum Press Man y mi cuaderno de servilletas de papel sucias y lancé mi primera pregunta:

–Coronel Baxter, ¿dónde empezó todo?

–Como muchas cosas –rugió–, en Leeds. Comencé a dibujar y a modelar con arcilla cuando iba a la guardería, la Real Academia Hunslet para Chavales Desaliñados. Al final del trimestre se celebraba un día de puertas abiertas, y mis padres vinieron a ver qué hacían allí los niños.

»Había a la vista tres mesas con caballetes cubiertas de diminutas figuras de arcilla. Mis padres le preguntaron a la maestra: "¿Cuáles son las que ha hecho nuestro hijo Glen?" A lo que la maestra contestó: "Las que están en esas dos mesas."

»Quedaba claro que ya sonaban las campanas de alarma...

Intenté colar mi siguiente pregunta:

–¿Encontró algún obstáculo inesperado en el curso de su vida?

Baxter contestó:

–Tartamudeaba. Un día mi madre me mandó a comprar un botón para el cuello de la camisa de mi padre. Estaba muy nervioso y comencé a practicar lo que diría mientras bajaba despacio la colina que conducía a la tienda. Avancé, confiado en mí mismo, y dije, de manera bastante fluida: «¿Podría darme un botón de cuello de camisa, por favor?» El tendero bajó la mirada hacia el chaval que tenía delante y contestó: «Lo siento mucho. A lo mejor te pueden ayudar en la tienda de al lado.» Di media vuelta y salí, y en ese momento descubrí que había entrado en una tienda de muebles.

»A medida que iba superando mi tartamudez, me obsesioné con las palabras con las que me trababa: el aspecto que tenían sobre el papel y su sonido me cautivaban.

El Coronel se me quedó mirando y pronunció varias palabras que zarandearon mis oídos:

«Capirote»

«Espetar»

«Forajido»

«Rosquilla»

Me encogí, amedrentado, pero insistí con mis preguntas:

–¿Qué más le impulsó por el temerario camino que ha seguido su vida? ¿Dónde aprendió su infausto arte? ¿En los callejones de Leeds? ¿En los muelles de Bridlington? ¿En las cuevas de Sheffield?

Los ojos del Coronel centellearon mientras gruñía:

–Constantemente se proyectaban películas: noticiarios, cortos y, por supuesto, películas de serie B, que casi siempre eran westerns en blanco y negro. Las hazañas de Tom Mix, Gabby Hayes y Ming el Implacable tenían lugar en un mundo de narraciones interrumpidas: solíamos entrar en el cine cuando la película ya había empezado, la veíamos hasta el final y luego nos quedábamos hasta la escena que habíamos visto al llegar.

Para justificar el sueldo, le lancé una pregunta facilona:

–Y cuando creció, ¿qué hizo?

–Solicité una plaza en la Escuela de Bellas Artes de Leeds, desesperado por sacudirme la monotonía de la vida escolar. Sin embargo, cuando comencé los estudios descubrí que casi toda la enseñanza se centraba en producir insulsas versiones del impresionismo abstracto americano. Me sentía como pez fuera del agua, y me lancé con avidez al clandestino y cálido abrazo de dadá y el surrealismo. Pasaron los años en un frenesí de claroscuro y bermellón hasta que dejé la escuela y me dirigí a Londres en un trineo improvisado. Descubrí la obra de Frank O'Hara y no tardé mucho en toparme con el turbio y crepuscular mundo de la poesía. Comencé a hacer mis pinitos con poemas en prosa, y en Charing Cross Road compraba revistas de poesía mimeografiadas.

»Envié algunos de mis primeros poemas a *Adventures in Poetry,* una pequeña revista editada por Larry Fagin en el Poetry Project de la iglesia de San Marcos de Nueva York. Pronto recibí una invitación para visitar los Estados Unidos.

Lo interrumpí y espeté:

–¿Fue eso lo que le llevó a ser el primer Baxter que cruzó el Atlántico?

El Coronel Baxter se limitó a señalar una fotografía en blanco y negro que había sobre la repisa de su chimenea: en ella se le veía joven, con el torso desnudo, a horcajadas sobre una balsa de aspecto endeble en mitad del océano.

–En 1974 me invitaron a leer mis obras completas en la iglesia de San Marcos ante un público de poetas, pintores y cineastas. Allí estaba yo, delante del atril, vestido con un traje de tweed. Me puse a hablar. La gente prorrumpió en carcajadas espontáneas. Había triunfado.

»Enseñé algunos de mis pequeños dibujos a tinta, y ese mismo año tuvo lugar mi primera exposición mundial en la Gotham Book Mart Gallery.

De la emoción, mi leal lápiz salió disparado.

–¿Fue ése el punto de convergencia Baxter entre palabra e imagen?

Baxter movió la mano en dirección a dos opúsculos de encuadernación recargada:

–Gotham Book Mart publicaba dos pequeñas revistas que vendían juntas grapadas: *Fruits of the World in Danger* y *The Handy Guide to Amazing People.*

»Edward Gorey era asiduo de la librería y también exponía allí. Se dejó caer por una de mis exposiciones y compró un montón de dibujos. Se mostró muy entusiasta y me animó a seguir: que un artista al que admiras compre tu obra es lo máximo a que puedes aspirar en la Escala Richter Artística.

»Pero me costaba que mi obra se reconociera en Inglaterra, y tuvo que ser un valeroso holandés, Jaco Groot, el que publicara mi primer libro en Europa. *Atlas* se editó en Ámsterdam en 1979. Orgulloso, Groot distribuyó ejemplares por toda Holanda. Vendió seis. Y se quedó solo, sentado en su habitación, rodeado de tulipanes pisoteados, planeando su venganza.

»De regreso en Londres, finalmente se me concedió la oportunidad de presentar mi obra en el Institute of Contemporary Arts, y después de eso la verdad es que la cosa ya se me fue de las manos. Los editores ingleses y americanos se presentaban en tropel a mi puerta, y la Tate Gallery compró una serie de grabados. Mis dibujos aparecieron en *The Observer, The New Yorker* y *el Ilkley Tortoise Quarterly.* Mis obras entraron en los hogares de numerosos dignatarios, capitanes de submarino, famosos delincuentes, y de John Cleese.

Se rió al pensar en ello, y su voz se perdió a través de innumerables pasillos. Le insté a que continuara, apretando fuertemente el lápiz contra el pecho. Una pelota de tenis entró rebotando a través de una ventaba abierta y se perdió en la oscuridad del fondo de la biblioteca.

Baxter dio un paso al frente y comenzó a decir:

–Y a partir de entonces las cosas comenzaron a aclararse –explicó–. Mi interés por la marquetería se estaba convirtiendo en una pasión devoradora, y no tardé mucho en encontrarme deambulando por una espesura de cordel y cierres metálicos.

Siguió hablando, aclaró su historial de adicción a la naftalina y, casi entre susurros, mencionó su reclusión en la misteriosa ZIMMER 35 del Hotel Furkablick, en lo más alto de Andermatt.

–No fue hasta unos años más tarde cuando el gobierno francés me descubrió y me trajo de vuelta aquí.

Las siguientes cuatro horas en su compañía pasaron volando, pues me entretuvo con historias de su época en el Royal Ballet y de su mentor, Sir Frederick Ashton, y de los extraños hechos relacionados con su Ascenso a los Alpes con un equipo de búlgaros que practicaban el canto tirolés empeñados en aprender el secreto del Triple Salto Salchow Invertido de Baxter.

Cuando acabé de garabatear y levanté la mirada, descubrí que estaba solo en la enorme sala. El Coronel había desaparecido; en el aire dejaba flotando un olor a cordita y a té Earl Grey.

Me agarré a los lados de la silla Bath antes de perder la conciencia. Dos días más tarde me desperté en la cama de un hospital militar. Una enfermera me tapó los brazos con una manta. Me entregó mi bloc de notas. Estaba en blanco, aparte de las letras U F O T garabateadas en la cubierta. Mientras se daba media vuelta, me miró y anunció:

–Por cierto, ayer por la noche, ya tarde, vino alguien y dejó esto para usted.

Sobre la mesa había una edición un tanto descolorida de *La sombra de un pistolero,* de Shane V. Baxter. La enfermera se dirigió hacia la puerta y la cerró mientras susurraba:

–Creo que esto es sólo el principio.

Apagué la luz y me sumí en un sueño agitado.

MARLIN CANASTEEN,
Toledo, Ohio

ERAN EXACTAMENTE LAS SEIS QUINCE

«ESTOS PANTALONES SON DE ACERO SOLDADO»,
ANUNCIÓ EL DESCONOCIDO

LOS GEMELOS PRESENTARON AL IMPOSTOR

EL ATREVIDO PLAN DE HARVEY CONSISTÍA EN LLEGAR
AL CUARTEL GENERAL DEL ENEMIGO EN PORT ARTHUR
SIN QUE NADIE LO DESCUBRIERA...

«¡LOS TALLO YO MISMO!», SOLTÓ CRAIG

COMO PARECÍA DIVERTIRLE,
ACCEDÍ A SU EXTRAÑA PETICIÓN

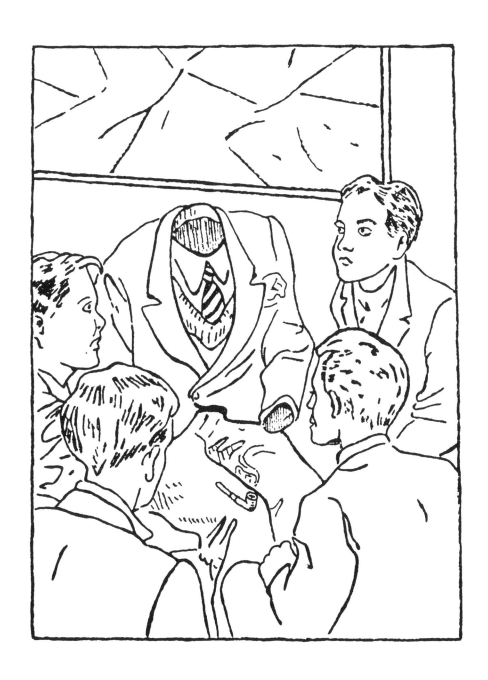

DE REPENTE, EL DECANO YA NO ESTABA

«¡SE HAN ACABADO LAS ALITERACIONES
EN ESTE BARRACÓN!», BRAMÓ McCULLOCH

«AQUÍ ES DONDE GUARDO MIS ROSQUILLAS»,
SUSURRÓ EL FORAJIDO

ERA LA PIZZA MÁS PEQUEÑA QUE HABÍAN
VISTO JAMÁS

«¡NO TAN DEPRISA, LACAYO! ¡EXIJO PROBÁRMELO
OTRA VEZ!», GRITÓ SIR PEREGRINO

GRANDES FRACASOS DE NUESTRO TIEMPO

N.º 16

El primer yoyó

GRANDES FRACASOS
DE NUESTRO TIEMPO

*No. 77 La primera extracción dental
mediante un almirante rojo*

LE TOCABA A RUDOLPH
LUBRICAR LOS RESCOLDOS

MIÉRCOLES SÍ Y MIÉRCOLES NO, A LOS CHICOS
SE LES PERMITÍA UNA RACIÓN EXTRA

LA TOMÓ EN SUS BRAZOS Y LE APRETÓ
LA PERILLA SUAVEMENTE

«ASÍ QUE VOSOTROS SOIS LOS MIOPES MULDONI
DE CHICAGO, ¿EH?», LES SOLTÓ LANNIGAN

FRUTAS DEL MUNDO
EN
PELIGRO

Número 1   La naranja

ERA EL PRIMER ENCONTRONAZO DE TOM
CON EL MODERNISMO

VANCE VIVÍA CON UN MIEDO CONSTANTE
A PERDER EL RELOJ...

ERA LA SEÑORA CRABTREE,
Y NO ESTABA PARA BROMAS

ESTABA CLARO QUE ERA DE BROOKLYN

MIRANDA HABÍA DADO CON NUESTRA
PROVISIÓN DE BARBAS...

EL JOVEN TALBOT SE PUSO EN PIE, Y CON UN GRITO
DE TRIUNFO SE QUITÓ BRUSCAMENTE EL CANOTIER
PARA MOSTRAR EL TUPÉ PROHIBIDO...

LO HABÍAN VUELTO A PILLAR USANDO
LA «TESTA PLUMA» PROHIBIDA...

«SUPONGO QUE TODOS SE PREGUNTAN
POR QUÉ LOS HE REUNIDO HOY AQUÍ»,
SUSURRÓ EL CONTRAMAESTRE

AÚN LES QUEDABA MUCHO QUE
APRENDER DE LA COCINA DE SICHUAN

«¡LE AGRADECERÉ QUE DEJE DE HACER MALABARISMOS
CON MIS PEPINILLOS!», RESOPLÓ EL ANGUSTIADO THROGUE

JEDSON ERA FAMOSO POR SUS FULMINANTES
MIRADAS DE SOSLAYO

EL JOVEN HANK ENTRETENÍA A LOS MUCHACHOS CON
UNA MAGNÍFICA MUESTRA DE CÓMO ARDER SIN LLAMA

GRANDES FRACASOS
DE NUESTRO TIEMPO

No. 224 El primer frankfurt

«ME TEMO QUE SON MALAS NOTICIAS,
SANDY. EL VICECÓNSUL PRETENDE
PROHIBIR LOS CAPIROTES DESPUÉS
DE LAS 7.15 DE LA TARDE»

«¿QUÉ HAS HECHO CON MI CAPIROTE?»,
GRUÑÓ «TORO» HARPER

MᶜGUIRE PARECÍA HABERSE METIDO
EN UNA TRAMPA...

LOS LOMAX ESTUVIERON TODA LA NOCHE
VIGILANDO SOBRE EL TURRÓN

SIR ROLAND INTENTABA CONVENCER
A LOS ESCÉPTICOS DE LAS POSIBILIDADES
DE SU «MINIESCUDO» LIGERO...

FRUTAS DEL MUNDO
EN
PELIGRO

Número 2   La uva

PECOS BILL TENÍA UN NO SÉ QUÉ
CON EL POLVO DE LAS CASAS...

«PUES YO APAGO LOS PUROS... ¡ALLÍ!»,
RESOPLÓ EL TEXANO

VERONICA HABÍA DADO CON UN PLAN PARA
ENFRENTARSE A LA NUTRIDA DEFENSA DEL BOLSOVER

«ME PARECE QUE ME HE DEJADO SUS SÁNDWICHES EN
ALPHA IV, COMANDANTE», DIJO BLAKE ENTRE DIENTES

EL TRIMESTRE DE PRIMAVERA SIEMPRE
FUE UNA AMARGA DECEPCIÓN

LOS CELOS DE IAN ESTABAN LLEGANDO A UN PUNTO
INTOLERABLE. AL FINAL ME PASABA LAS VEINTICUATRO
HORAS VIGILANDO LA TRENZA

A MEDIDA QUE IBA OSCURECIENDO Y SE IBA SINTIENDO
CADA VEZ MÁS FEBRIL E INQUIETO, SCRUNDLEY
SE VOLVIÓ DE NUEVO HACIA EL CUERNO...

«PARECE QUE SE TRATA DE UNA ESPECIE
DE ELEGANTE PAPEL PINTADO», DIJO OLD
THREPE ARRASTRANDO LAS PALABRAS

Extrañas costumbres de muchas tierras

Estudio de las vocales, víspera de Santa Inés, Brocklehampton

APENAS ME DIO TIEMPO A LANZAR UNA MIRADA
CRÍTICA A LAS COSTURAS DE SUS CALZAS...

EL JOVEN ROBERTS ERA INCAPAZ DE ENFRENTARSE
A OTRA MUSAKA

LA REDECORACIÓN DEL CAMPAMENTO
BASE III FUE LO MÁS PELIGROSO
DE TODA LA EXPEDICIÓN

FUERON MUCHAS LAS OCASIONES EN QUE DECIDÍ
NO PARTICIPAR EN AQUELLOS SERIOS DEBATES
QUE SEGUÍAN A LA CENA

«DURANTE MIS AÑOS EN ORIENTE LLEGARON A MIS
OÍDOS UNOS CUANTOS CONSEJOS SOBRE EL ARTE
DE LA RELAJACIÓN», EXPLICÓ HOLDSWORTH

FUE EN EL CAMPAMENTO DE CHAUNDLEY
DONDE APRENDÍ A ENCENDER UNA HOGUERA
EN MIS PROPIAS RODILLAS

53

FRUTOS DEL MUNDO
EN
PELIGRO

Higo A

Higo
B

Número 8   El higo

PRESTAR ATENCIÓN

ME HABÍA LLEVADO una semana prepararlo. Nadie tenía la menor sospecha de que su lengua se vería sometida a investigación policial, pero más adelante ya habría tiempo de indagar y debatir. El velero rodeaba el cabo con mucho movimiento. El oficial de cubierta daba ávidas caladas a su vicio. Después de todo, no le correspondía a él criticar el servicio de cátering de Port Moresby. En el centro de las recientes insurrecciones y vicisitudes se encontraba una mujer como nunca habían visto los isleños. Tenía un brazo más largo que el otro y un pelo rojizo que flotaba en la brisa, y sin duda imponía respeto, miedo, admiración y repugnancia. El oficial de cubierta soltó la cuerda de la que tiraba y miró al capitán. No podía dejar de transformar sus pensamientos en una ristra de continuas decepciones. Levantó la frente y la echó hacia atrás. Un tablón, de unos dos metros de largo, se hallaba a pocos centímetros de distancia. Lo vio dos veces. Con anterioridad, sólo había intentado alcanzarlo en una ocasión, pero eso había sido hacía tres semanas, y por el momento parecía satisfecho de permanecer donde estaba, balanceándose sobre el paté de hígado. Sólo con que pudiera extender el brazo y coger la espátula, lograría recobrar la compostura de nuevo. Lo sabía, pero pensaba lo contrario. Las rodillas le rotaban muy lentamente, y el humo de la orilla ascendía en espiral sobre su labio inferior. Había llevado una existencia tan desilusionadora que había comenzado a disfrutar del espectáculo de ver cómo se llenaba un vaso de agua, se vaciaba y se volvía a llenar. Una lenta sonrisa de satisfacción se dibujó en el aire. Parecía emanar de su barbilla, pero él sabía que eso era improbable. No había duda de que estaba disgustado. Fue dando volteretas hacia un tazón de leche. Era su última oportunidad. Se agarró las piernas, las encogió hasta que quedaron debajo del cuello y rodó tranquilamente hacia el interior del puerto.

AUNQUE OFICIALMENTE ESTABA PROHIBIDO
TENER MASCOTAS, SIEMPRE HABÍA ALGUNOS
QUE, AL ANOCHECER, DECIDÍAN NO HACER
CASO DE LAS NORMAS DE LA ESCUELA

NUESTROS ENCUENTROS POSEÍAN UNA
CARGA EMOCIONAL CADA VEZ MAYOR

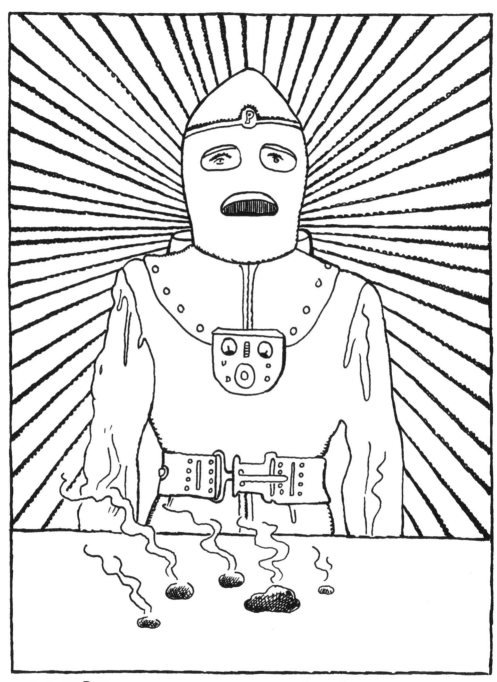

LA SEÑORA PRENDERGHAST SABÍA CÓMO CONSEGUIR
QUE CADA COMIDA FUERA UNA OCASIÓN ESPECIAL

A VECES, COMO PREMIO, SE NOS
PERMITÍA MIRAR UN VASO DE AGUA
CALIENTE DURANTE UNOS MINUTOS

BALLANTINE CALCULÓ QUE SE
ESTABA ACERCANDO AL CHUCRUT
A UNA VELOCIDAD APROXIMADA
DE 126,5 KM/H

CON LETAL PRECISIÓN, EL JOVEN SILBURN
ESCOGIÓ EL PÁJARO CARPINTERO

EL SEÑOR LLOYD SOMETIÓ AL SUPLICIO
DE LA NUEZ A LOS CHICOS QUE HABÍAN
OLVIDADO SU TRANSPORTADOR

AL CABO DE UNOS MESES COMPRENDÍ QUE
NO ERA MÁS QUE UN DISPOSITIVO PARA
ENSEÑARME LOS MUSLOS

COMPARTIR MI SÁNDWICH CON ERIC
FUE EL COMIENZO DE UN LARGO FIN
DE SEMANA LLENO DE PROBLEMAS

EL CONCEPTO DE REGULADOR AÚN NO
HABÍA LLEGADO AL BARRACÓN LAZY K

POR DESGRACIA, PIERRE POSEÍA UN LARGO
HISTORIAL DE MALOS TRATOS A QUESOS STILTON

CON UN MOVIMIENTO VELOZ Y RESUELTO,
TOM REVELÓ LAS NARANJAS DE LA
CHINA ILÍCITAS

DE VEZ EN CUANDO SE OÍA POR EL PASILLO
EL ATERRADOR ZUMBIDO DEL COMPLEJO
DE ELABORACIÓN DE GACHAS

ERA MI PRIMERA VISITA A
UN RESTAURANTE HOLANDÉS

«O SEA, QUE AL FINAL HAS ENCONTRADO
LA MANTEQUILLA, ¿NO?», GRUÑÓ KLAUS

JUNTOS CONSEGUIMOS ELIMINAR CUALQUIER
RASTRO DEL TOFU COMPROMETEDOR

FRUTAS DEL MUNDO
EN
PELIGRO

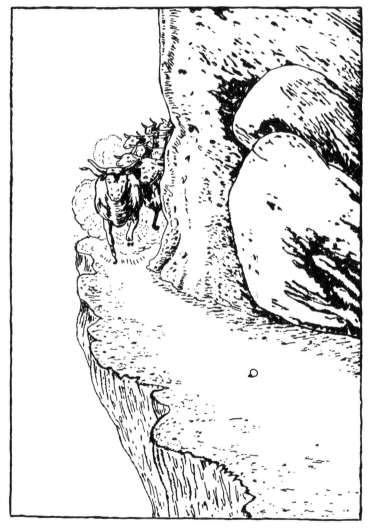

Número 10   El albaricoque

COMO CENICERO, ERA REALMENTE
IMPRESIONANTE

NADA LE GUSTABA TANTO A ERIC
COMO PASAR LA VELADA SOLO
EN CASA CON SU CORDEL

A SOLAS EN SU MOMENTO
DE ÉXTASIS, RALPH VOLVIÓ
A CONTEMPLAR UNA VEZ
MÁS SU CALABAZA

POCO A POCO EMPECÉ A COINCIDIR
CON SU PUNTO DE VISTA

EDGAR HABÍA ASISTIDO A MUCHAS
VELADAS POÉTICAS

HABÍA MOMENTOS EN QUE COMENZABA A
HARTARME DE LUSTRAR AL SEÑOR THRONGUE

HUBERT CONTEMPLABA AQUEL
BOCADO CON SOBRECOGIMIENTO

COMO COLECCIÓN DE DIENTES, ERA
REALMENTE IMPRESIONANTE

NUNCA OLVIDARÉ EL DÍA QUE CONOCÍ
A BRENDA

«ESTAS MARCAS INDICAN CLARAMENTE QUE POR
AQUÍ HAN ARRASTRADO UNA MESA DE BILLAR»

DESDE SU HABITACIÓN, GLADYS NO VEÍA GRAN
COSA DE LAS MARAVILLAS DE VENECIA

CÓMO DETESTABA HACER LA COMPRA
LOS SÁBADOS POR LA MAÑANA

COMO PRIMERA EXPERIENCIA SEXUAL, NO HABÍA
SIDO DEL TODO DECEPCIONANTE

ERIC COMENZABA A PENSAR QUE OJALÁ HUBIERA
DEVUELTO LOS LIBROS DE LA BIBLIOTECA ANTES
DE QUE VENCIERA EL PLAZO

EL VIEJO CATTERMOLE ESTABA EN
EL JARDÍN CUIDANDO LAS FUCSIAS

DESPACIO, PERO CON INFALIBLE PRECISIÓN,
EL DOCTOR TUTTLE ECHÓ MANO DE SU LUGER

«ME TEMO QUE VOY A TENER
QUE MOSTRARLE EL PEZÓN, JOVEN»,
ANUNCIÓ EL AGENTE EN TONO SOLEMNE

ME GUSTABA PENSAR QUE LA NUESTRA
ERA UNA RELACIÓN MUY ESPECIAL

FUE ENTONCES CUANDO EL SEÑOR
CLUMBERS ASUMIÓ LA TAREA
DE ENSEÑARNOS EL ARTE DE ROBAR
EN LAS TIENDAS

DE VEZ EN CUANDO EL TÍO WILF, DE CLEETHORPES,
NOS HACÍA UNA DE SUS «VISITAS INESPERADAS»...

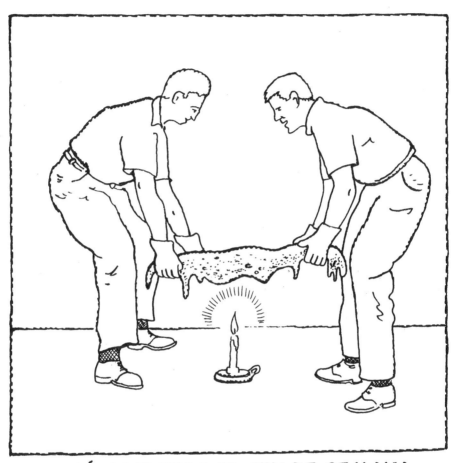

PASÉ CASI TODO EL FIN DE SEMANA
AYUDANDO A BRIAN CON SUS TORTILLAS

OCASO EN DUDLEY

EL PORTUGUÉS asomaba detrás de un Strogonoff volcado. Tenía las piernas flojas. Se llamaba Vrom. «Muy bien, Angela», estaba diciendo. El tenedor de la mujer se hundió en el brócoli. Sólo disponía de una fracción de segundo para dar el paso.

–Tengo el presentimiento de que estás metido en algún lío... –comenzó a decir ella.

El hombre blandió contra ella un hacha diminuta adornada con joyas.

–Y tú has vuelto a hablar con ese Sinclair Duggan, ¿verdad? –añadió la mujer, enrollando la lengua en la doble g de Duggan.

–Ah, no –replicó él.

–Poco romántico, pero típico –observó ella. En sus ojos relucientes, se reflejaba un pensamiento–. Ahora ya puedes seguir comiendo –susurró la mujer.

Él se dirigió a la cocina. Tenía los ojos oscuros y la boca formaba una fina línea gris. Parecía como si en un instante su pensamiento hubiera cristalizado en una categórica determinación. De todos modos, esta vez lo sabía.

–¿Y quién quiere ternura sin fortuna? –preguntó él, hundiendo los puños apretados en su chaqueta de tweed. Pasó algún tiempo antes de que cesaran sus cavilaciones.

En el ajetreo de aquellas primeras horas en la consulta, Angela había percibido el asomo de una emoción. Sus colegas también lo habían observado, y se habían visto una o dos escenas desagradables antes de que se reemplazara el riel de luces. Las caras sonrojadas y avergonzadas no la habían detenido, pues sólo ella conocía el sufrimiento de las largas y lluviosas tardes dedicadas a escuchar las dolencias de los demás.

La puerta batiente se abrió. Era el portugués.

–¿Frutos secos? –preguntó.

Parecía un extraño festín, pero ella accedió.

–Me he retrasado hasta que he venido –añadió el portugués, sentándose junto a la mujer.

El taciturno estudiante de último año volvió a la vida. Angela comprendió que se había convertido en un peligro público, y ahora, con el portugués también a su lado, se sentía, sin la menor duda, inquieta. El portugués se inclinó hacia delante.

–¿Te gustan las mascotas? –preguntó–. Lo puedo arreglar.

Durante más de un minuto, una extraña sensación de desinterés inundó la sala. Entonces habló Angela.

Kirk, a pesar de su impedimento, había conseguido llegar al sofá. Había salido de Tucson aquella misma mañana. Ahora imploraba con insistencia otra visita a la azotea. El repique de las campanas era lo que más anhelaba. Angela lo sabía y arrojó una zapatilla en dirección a él.

Kirk la atrapó con los dientes.

–Es todo lo que ansío –dijo con una radiante sonrisa–, y más de lo que podía esperar.

–Pues ahí tienes –dijo Angela con un gruñido, y le arrojó otra.

Kirk expresó su aprobación con un quejido un tanto más dulce de lo habitual. Se le dilataron las fosas nasales de satisfacción y comenzó a desplomarse en el sofá.

El grito y la señal de placer, innecesarios, sin duda habían irritado al portugués, que respiraba profundamente y contaba con los dedos. Angela reconoció los síntomas.

–El doctor Judd te verá enseguida –dijo, señalando la puerta.

–Ordinaria –estalló–, me voy.

Ésa fue la última vez que Angela lo vio. Se quitó el abrigo y retrocedió sobre sus pasos hasta que llegó a la soga que colgaba. Se detuvo para admirar la vista. Un viento gélido soplaba a través de una gigantesca extensión de barro, más allá de la cual se veía un barranco creado por el hombre y decorado con banderitas rojas y blancas. Había pasado mucho tiempo desde que Angela se sacudiera el polvo por aquellos pagos, y el eslogan SEXO PARA CHICOS NUEVOS era ya sólo un recuerdo distante.

NOS ABRIMOS PASO A TRAVÉS
DE LA NARRATIVA CONTEMPORÁNEA
HASTA LA MÁQUINA DE CAPUCHINO

LA BÚSQUEDA DEL HUEVO DE PASCUA DE LOWER
CHEDLEY ERA FAMOSA POR SER UNA DE LAS MÁS
COMPLICADAS DE TODO WILTSHIRE

ARNOLD BROWNSTEIN, MIENTRAS CONDUCE

HACIA EL SUR POR LA AUTOPISTA, DE REPENTE SE DA CUENTA DE QUE ESTÁ EN UN GRAVE APURO

Y COMO LA SITUACIÓN SE DETERIORA

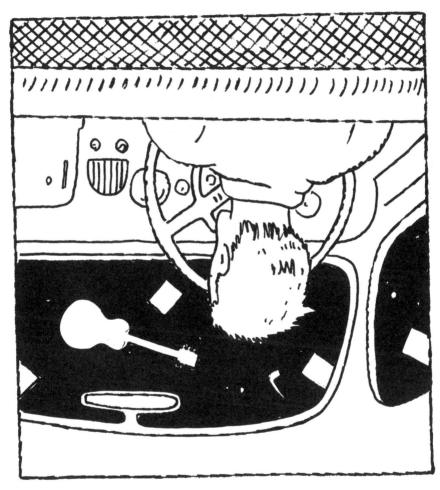

RÁPIDAMENTE, DECIDE SALIR
DE LA CARRETERA

LO ÚNICO QUE TENÍA QUE HACER
AHORA ERA CONVENCERLOS DE QUE
SE METIERAN EN LA RED

«¿ESTÁS DISPUESTA A ABRAZAR
EL VEGETARIANISMO?», LE SOLTÓ
EL REGULADOR

18 MARIPOSAS EN MENOS

DE SEIS SEGUNDOS Y MEDIO

«CORRE EL RUMOR DE QUE TE HAN TRASLADADO
A INTELIGENCIA, SNEDLEY»

BIG AL NO TENÍA INTENCIÓN
DE CORRER NINGÚN RIESGO

CON HABILIDAD ESBOCÉ LOS PUNTOS
MÁS SUTILES DE MI TESIS

POR DESGRACIA, LA COMIDA SE SIRVIÓ
CASI DE INMEDIATO

«CUANDO TENGAS UN MOMENTO, ME GUSTARÍA
PLANTEAR EL TEMA DE LA INVASIÓN DEL
ESPACIO PERSONAL», ESPETÓ OLAF

LAS COSAS NO PARECÍAN IR COMO
A ROB LE HUBIERA GUSTADO...

«SUPONGO QUE ES CONSCIENTE
DE QUE ESTA SOMBRA ES ILEGAL»,
GRITÓ EL CONTRAMAESTRE

AL PARECER CREÍA QUE YO NO HABÍA
BARRIDO EN MI VIDA

LOS VOLATINEROS

A NICK SE LE OCURRIÓ una idea brillante. Cerró los ojos con los pies, dio media vuelta y abrió la puerta del cuarto de baño. Barry colocó la cabeza sobre su hombro. Aunque Nick estuviera completamente recto, podría percibir el incesante temblor.

En el momento apropiado, Barry cerró la puerta del cuarto de baño. El agua brotó de todos los agujeritos de su bolsa de viaje. Nick no movía los labios. No pensaba, pero podía ver al apicultor.

–Soy malo –dijo.

–Soy alemán, así que ya lo sé –contestó Nick.

El asiento de vinilo rojo crujió un poco cuando se dieron la vuelta en el suelo.

–Quería ir a cenar –explicó el apicultor.

–Sólo dos horas más –le dijo Nick, quitándose los zapatos de una patada.

Un niño se acercó a ellos, se volvió hacia Barry y lentamente se encaramó hasta sus axilas. Se preguntó si se atrevería a pedirle que lo llevara a dar una vuelta.

La perspectiva no era en absoluto alentadora. Con repentina decisión, Nick avanzó. Eran las diez. El apicultor apretó un timbre, se tocó ligeramente la gorrita a modo de saludo y a continuación volvió a mirar hacia el borde. Advirtió el cuenco de frambuesas todavía verdes pero no le dio mayor importancia.

–Tenemos cosas relevantes que hacer –anunció Nick a punto de llorar. Levantó el brazo hacia el estante del cuarto de baño y lo cogió. El 4 de metal oxidado había estado clavado en el canto. Comenzó a explorar esa nueva forma.

Comprendió que existía el peligro de abarcar demasiado de una sola vez. Soltó un gruñido mientras los demás caminaban. Con un leve destello de felicidad vio que la parte superior de la cara de Barry se movía ligeramente. Nunca lo olvidaría.

–Muchísimas gracias –dijo.

Barry le puso el pie en el hombro, confiado en que saldría bien parado de aquello. Dejarse guiar por los Volatineros era su máximo objetivo en la vida, pero sabía que el tiempo se le acababa.

Cada vez que miraba a alguien a la cara, sonaba una campanilla. El apicultor asintió y sonrió. Nadie debería respirar sin ayuda, y Barry estuvo contentísimo de prestársela. Hablar sólo italiano ahora era una opción.

–No tienes zapatos –ladró Nick.

Unos perros callejeros de feo hocico desfilaban fuera del baño sin advertir el terror que expresaba la cara de Barry, envuelto ahora en una toalla verde oscuro. Como las luces de carnaval, la música se apagó de repente. Había anochecido.

Las carretas a rebosar de nabos seguían a los perros por la calle. Hombres como hormigas hacían sonar sus flautas de madera.

Con la ayuda de dos palitos, Nick salió disparado de la habitación.

Mientras corría, pasaron por su mente palabras que apenas estaba comenzando a aprender. Le siguió el apicultor, preguntándose quién sería el primero en mencionar la polea.

Barry puso la cabeza sobre el hombro, y no pasó mucho tiempo antes de que su lengua girara rápidamente, tensa como una cuerda de piano, aunque un tanto menos atractiva. Al final, el apicultor tuvo la elegancia de reconocer lo que había hecho y se detuvo un momento, reluciente en la oscuridad.

«DÉJEME EXPLICARLE CÓMO FUNCIONA»,
ANUNCIÓ EL PROFESOR DRUNDLE

«MALDITA SEA, ¡MÁS LE VALE TENER
UNA BUENA EXCUSA PARA HABERSE QUITADO
EL UNIFORME ESTA VEZ, WAINWRIGHT!»,
VOCIFERÓ EL SARGENTO

LOS ENCUENTROS CLANDESTINOS
DE LA SOCIEDAD JANE AUSTEN SE
CELEBRABAN CADA DOS JUEVES

CHRIS ESTABA DECIDIDO A CONSEGUIR OTRA INSIGNIA
AL MÉRITO POR SU BŒUF BOURGUIGNON

ERA UN GRAN PARTIDARIO
DE LA COMIDA RÁPIDA

AL PARECER, PAPÁ LLEVABA
UN LUCRATIVO NEGOCIO PARALELO
PRODUCIENDO MONDRIANS EN SERIE

COSAS QUE APRENDIMOS EN
EL CAMPAMENTO DE VERANO

Nº 59   Cómo manejar un heliógrafo

SEGUÍA HABIENDO UNA CÍNICA MINORÍA QUE
CREÍA QUE EL COMBATE ESTABA AMAÑADO

JANET SE RESERVABA UNA HORA
AL DÍA PARA TRABAJAR EN SUS
CARTAS AMENAZANTES

LAS RUEDAS DEL PROGRESO PARECÍAN
GIRAR UN PELÍN DEMASIADO DEPRISA
PARA BIG JAKE McCULLOUGH

«PERO ÉSTA ES LA PROPIEDAD QUE COMPRÓ
EN INTERNET», EXPLICÓ SERGUÉI

ROBIN OBSERVA CON INQUIETUD
QUE UNA NUEVA MODA SE EXTIENDE
POR EL BOSQUE DE SHERWOOD

«¿PERMISO PARA HUMIDIFICAR, SEÑOR?»

LA PRIMERA NOVELA DEL JOVEN NEVILLE
SIN DUDA APORTÓ UN BIEN RECIBIDO RESPLANDOR
A NUESTRAS VIDAS GRISES Y ABURRIDAS

SIN DUDA ERA UNA IMPRESIONANTE COLECCIÓN
DE PORNOGRAFÍA, ESTROPEADA TAN SÓLO POR
LA MEDIOCRE SECCIÓN DEDICADA A LAS VERDURAS
DE PRIMAVERA DE RECOLECCIÓN TARDÍA

ME DI PERFECTA CUENTA DE QUE NO TENÍA NADA
QUE DECIR

LAS CLASES DE EDUCACIÓN SEXUAL QUEDARON EN
LAS COMPETENTES MANOS DE LA SEÑORA GRISWOLD

«ES EL SEGUNDO CAPÍTULO DE
À LA RECHERCHE DU TEMPS PERDU...»,
EXPLICÓ BIG JAKE

«SE LLAMA POLENTA, ROBIN, Y COMO
RECUBRIMIENTO PARA SUELOS NO TIENE
IGUAL», EXPLICÓ EL VENDEDOR

DELIBERÉ UN MOMENTO Y DECIDÍ
SOLTARLE TODA LA DESCARGA
DE 300.000 VOLTIOS

ES DICIEMBRE Y YA SE REÚNEN
LAS FUERZAS OSCURAS

VIVÍA CON EL MIEDO CONSTANTE A QUE
SE PUSIERA A CANTAR AL ESTILO TIROLÉS

DESHACERSE DE LOS MᶜGUIRE
NUNCA FUE FÁCIL

EN EL PUEBLO ALGUNOS SOSPECHABAN
QUE HERR GRINDLE PODÍA ALBERGAR
UN OSCURO SECRETO

DE INMEDIATO PERCIBÍ QUE ME HALLABA EN
PRESENCIA DE UN HOMBRE POCO ACOSTUMBRADO
A LAS LIMITACIONES DEL DISCURSO RACIONAL

ACABAR EL RAYO MORTAL ANTES
DE LA AMENAZANTE LLEGADA DEL
TÍO ABUELO BERNARD SE CONVIRTIÓ
EN UNA CARRERA CONTRARRELOJ

HABÍA VECES EN QUE COMENZABA
A PENSAR QUE QUIZÁ HABÍA
ESCOGIDO LA PROFESIÓN ERRÓNEA

TENÍA LA SENSACIÓN INEQUÍVOCA
DE QUE CELIA SE DESVIVÍA POR
MOLESTARME...

LA SITUACIÓN SE DETERIORABA
RÁPIDAMENTE...

«¿ME EQUIVOCO AL PENSAR QUE
UNA CHISPA PERDIDA PODRÍA DESTRUIR
18 MESES DE TRABAJO EN TU OBRA
MAESTRA HECHA CON PALILLOS, PAPÁ?»

PASÉ CASI TODA MI INFANCIA
EVITANDO LAS VERDURAS VERDES

NOS LLEVARÍA ALGO DE TIEMPO,
PERO JUNTOS QUIZÁ PUDIÉRAMOS
DIGERIR LAS OBRAS COMPLETAS
DE ALBERTO MANGUEL

BIBLIOGRAFÍA

Esta bibliografía ha sido seleccionada de la Sala de Lectura del Museo Británico, Londres, y de la Biblioteca de la Universidad de Texas en Austin.

ALICE MARY BAXTER
La aventura vuelve a
  Brackendene

ALLAN MUIR BAXTER
La distribución de la carga
  en las tuercas.
La fatiga de pernos y tachuelas

ANDREW BAXTER
Reflexiones sobre el soñar
Investigación de la naturaleza
  del alma humana
Matho; sive cosmoth eoria
  puerilis

ANNE BAXTER
Intermedio: una historia
  verdadera

ANNETTE KAR BAXTER
Henry Miller, expatriado

ARCHIBALD BAXTER
No cesaremos

SIR ARTHUR BEVERLEY
  BAXTER
El soplador de pompas
Estrenos y candilejas
Extraña calle

BATSELL BARRETT BAXTER
Hablando en nombre del
  Maestro

BERNICE BAXTER
Experiencia de grupo:
  el estilo democrático
El crecimiento en las
  relaciones humanas

BERTRAM BAXTER
Bloques de piedra y rieles
  de hierro

BRIAN NEWLAND BAXTER
Aprenda usted mismo
  arquitectura naval

BRUCE LEE BAXTER
Solución con una función
  elíptica de la ecuación de
  movimiento diferencial
  no lineal en máquinas
  sincrónicas

C. E. BAXTER
Talofa

CHARLES BAXTER
Camaleón

CHARLES HOMER BAXTER
Examen y valoración de
  la propiedad mineral
  por Baxter y Parks

CHARLES NEWCOMB
  BAXTER
El Ateneo de Boston

CHERRIE FULLER BAXTER
Estudio de la administración
  de la asistencia a la tercera
  edad en Douglas County

CRAIG BAXTER
Tendencias de voto por distri-
  tos en la India. Una herra-
  mienta de investigación
El Jana Sangh
Sirvientes de la espada

DAVID ROBERT BAXTER
Armas de fuego de carga
  superpuesta 1360-1860
  (South China Morning Post,
  Hong Kong)

DOREEN BAXTER
Aventurillas de la tierra
  de los sueños

DOW VAWTER BAXTER
Aparición de los hongos
  en los principales tipos
  de bosques de Alaska
Algunos poliporos

resupinados de la región
  de los Grandes Lagos
Importancia de los hongos
  y defectos en el manejo
  del Airplane Spruce

DUDLEY BAXTER
El cardenal Pole
Vera Cruz

E. B. BAXTER
Fundamentos de la materia
médica y la terapéutica

EDNA DOROTHY BAXTER
Aproximación a la orientación

EDWARD HENRY BAXTER
Banderas nacionales con
  escarapelas aeronáuticas,
  calendario de días para izar
  las banderas nacionales
  y claves de colores para
  una rápida identificación

ELIZABETH BAXTER
El curandero
La sensibilidad y su curación

ERIC BAXTER
Manual del carbón

EVELYN VIDA BAXTER
Fauna vertebrada de Forth
Algunos patos escoceses
  de cría
Los pájaros de Escocia
El libro de cocina del insti-
  tuto rural de las mujeres
  escocesas

FRANK C. BAXTER
Días en el desierto Pintado
  y en las montañas de San
  Francisco

FRED BAXTER
Serpiente para cenar

GARRETT BAXTER
La economía según Baxter
Grandes batallas
Individualismo
Potencias

GEORGE BAXTER
Espiritualismo: el peligro
  oculto, por un ex médium
  (G. Baxter)

GEORGE BAXTER
Las baladas de María
  Magdalena y otros poemas
El álbum pictórico; o vitrina
  de pinturas
La librería de Dawson,
  Los Ángeles

GEORGE OWEN BAXTER
La llamada de la sangre
Free Range Lanning
Rey Charlie
El forajido susurrante

GEORGE ROBERT
  WYTHEN BAXTER
Humor y pathos
El libro de las bastillas; o la
  historia del funcionamiento
  de la Nueva Ley de Pobres
Don Juan júnior: un poema
  del fantasma de Byron

SIR GEORGE
  WASHINGTON BAXTER
La caza del alce en Suecia

GILLIAN JOSÉ
  CHARLOTTE BAXTER
El caballo perfecto
Caballos en el valle
Negro y pardo

GLAISTER BAXTER
Los problemas agrícolas
  de Panamá

GLEN BAXTER
El rastreador de caídas
El caqui
Cranireons ov Botya
Obras
El rayo inminente
Atlas
Su vida: Los años de lucha
Bienvenido al extraño mundo
    de Baxter
Los asesinos de la mesa
    de billar
Glen Baxter vuelve
    a lo normal
Las viñetas reunidas de Baxter
Más viñetas de Baxter
El maravilloso libro del sexo
Ventiscas de tweed
El lento avance de los
    gruñidos
El desquiciado mundo
    de Glen Baxter
Asomando sobre el sebo
Manchas ominosas

GLEN WILLIAM BAXTER
Índice del registro imperial
    de la prosodia ci, (Ch'in-ting
    Tz'u-p'u)

GORDON BAXTER
Vietnam: buscar y destruir

G. P. BAXTER
Investigaciones de los
    pesos atómicos del cadmio,
    manganeso, bromo, plomo,
    arsénico, yodo, plata, cromo
    y fósforo

GREGORY PAUL BAXTER
Theodore William Richards

HAMILTON A. BAXTER
Niveles de histamina en
    sangre en el cerdo después
    de aplicarle rayos X y que-
    maduras térmicas en todo
    el cuerpo
Influencia del calentamiento
    rápido en la congelación en
    animales experimentales

HARRIET WARNER BAXTER
Poemajes

HARRY BAXTER
Técnicas de la lengüeta
    del oboe

HAZEL BAXTER
Doctor dubitativo
Enfermera de helicóptero

HENRY FOSTER BAXTER
De la polaridad orgánica

HENRY WRIGHT BAXTER
Pruebas de desgaste de CA

en pruebas de contacto
    de CA de bajo voltaje
Curvas de energía inductiva
    calculadas al principio de la
    formación del arco eléctrico
    en combustibles

GEORGE YOUNG BAXTER
JNR & HUBERT EUGENE
BAXTER
Geometría descriptiva

HUGO F. BAXTER
Soi-disant. Poemas con
    dibujos originales

IAN FRANCIS GEORGE
BAXTER
La Ley Bancaria y el Decreto
    Bancario Canadiense
Ensayos sobre derecho
    privado: leyes extranjeras
    y dictámenes extranjeros

IVY BAXTER
Las artes de una isla

J. BAXTER
Una tela para zorros de
    dos patas

J. BAXTER
Estadística, médica y antro-
    pológica, del departamento
    del jefe de la Policía Militar
    obtenida de los archivos
    de las revisiones para el
    servicio militar en los ejér-
    citos de los Estados Unidos
    durante la última Guerra
    de Secesión de más de un
    millón de reclutas, llamados
    a filas, suplentes y hombres
    alistados. Compilada bajo la
    dirección del Departamento
    de Guerra, Washington,
    1875.

JAMES BAXTER
Cultura de la armonía
    y estructura de la
    composición
Fuegos de no retorno

JAMES ALBERT BAXTER
Cálculos en la extracción de
    piedra para la construcción
    y en el negocio de la
    fabricación

JAMES CLEVELAND BAXTER
Generalización mediada como
    función de la actuación
    diferencial semántica

JAMES HOUSTON BAXTER
Qué leer sobre Polonia
Lista de palabras latinas
    medievales de origen
    británico e irlandés,
    con la ayuda de C. Johnson
    y Phyllis Abrahams

JAMES KEIR BAXTER
Aspectos de la poesía
    en Nueva Zelanda
Testamento de otoño
Tendencias recientes en la
    poesía de Nueva Zelanda
Más allá de la empalizada
La tabla de cortar el pan
    de hierro
Sopla, viento de lo fructífero
El salmodiador de huesos
La vida santa y la muerte
    de Concrete Grady
Cartas de la isla del cerdo
Poemas desagradables
La mujer grajo

JAMES PHINNEY BAXTER
El anciano George Cleeve
    de Casco Bay 1630-1667
La situación actual del descu-
    brimiento precolombino
    de América por parte de
    los escandinavos

JAMES PHINNEY BAXTER
Los manuscritos Baxter
La campaña contra los
    pequakets
Tres mapas sugerentes
Dos poemas
Científicos contra el tiempo

JAMES S. BAXTER
Desarrollo del tracto genital
    femenino en la zarigüeya
    americana

JAMES SIDLOW BAXTER
La mejor palabra de la historia

JAMES SINCLAIR BAXTER
Capítulo sobre el traspaso
    de bienes inmuebles
Ayudas a la embriología

JEAN LOGAN ROSE BAXTER
Un 'Ae Oo' etc. (poemas)

JEDEDIAH HYDE BAXTER
Estadística, médica y
    antropológica, del jefe
    de la Policía Militar

JERE BAXTER
Informes de casos presentados
    y vistos para sentencia en
    el Tribunal Supremo de
    Tennessee 1872 (9 vols.)

JOHN BAXTER
Stanley Kubrick
Un talento desagradable:
    Ken Russell
El cine de John Ford
El cine de Joseph von
    Sternberg
Las películas de gángsters
King Vidor
    La ciencia ficción en el cine

JOHN BAXTER
El fuego nos alcanzó; el enig-
    ma del bólido de Tunguska

JOHN BAXTER
Una breve descripción de dos
    modelos de construcciones
    y corrales mejorados y
    sus ventajas tal como se
    mostraron en la Exposición
    Industrial de 1851
La biblioteca del saber agríco-
    la y hortícola de Baxter

JOHN BABINGTON
MACAULAY BAXTER
Simon Baxter
Archivos históricos del
    Regimiento de New Bruns-
    wick, Artillería Canadiense

JOHN E. BAXTER
Baladas del vestuario

JOHN M. BAXTER
Disposición de las tuberías
    en los motores navales

JOSIAH BAXTER
El señor Baxter bautizado
    con sangre 1673

J. W. BAXTER
Ley y práctica de las patentes
    en el mundo

KATHLEEN MARY CARVER
BAXTER
Giraldus Cambrensis
    (Obra en dos actos)

KATHERINE MARY BAXTER
El teatro contemporáneo
    y la fe cristiana

KATHERINE SCHUYLER
BAXTER
Una ahijada de Washington,
    una imagen del pasado

KENNETH EUGENE BAXTER
Normas de las viviendas
    en Estados Unidos

LAURA (FALKENRICH)
BAXTER
Nuestras ropas
Las ropas de hoy

LUCY E. BAXTER
Los constructores de
    catedrales

SEÑORA LYDIA BAXTER
Joyas al borde del camino
    (poemas)

MARTHA LEE BAXTER
El empleo de los motivos en
    los cuartetos de Beethoven

MARY BAXTER
La primera dama del clan
    Tseng

MARY DUDLEY BAXTER
La historia de un robo

MARY LISTER BAXTER
Canciones del atardecer

MAURICE GLEN BAXTER
Daniel Webster y el Tribunal
Supremo
El monopolio del barco
de vapor

MICHAEL PAGET BAXTER
Cuarenta prodigios
inminentes
Doce actos futuros
de Napoleón III

MILDRED FRAUNCES
BAXTER
Estudio experimental de
las diferencias de tempera-
mento sobre la base de
la velocidad y la fuerza

MURIEL BAXTER
La voz de la verdad

NATHANIEL BAXTER
Quaestiones et responsa
in Petri Rami Dialecticam
(con tablas plegables)

NEVINS D. BAXTER
El mercado del papel
comercial

NICHOLAS HERBERT
BAXTER
Anticuerpos antiglobulina
naturales en el suero
sanguíneo de los primates

NORMAN BAXTER
Líneas sobre Texas

OLIVE BAXTER
Valiente pequeño Don Nadie
Sombras inquietantes
La llamada de Capri
La joya en el acantilado
El sudario de agua de Ken
Flechas de celos
Las cenizas del pecado
Debbie al rescate
La balsa de la muerte
Halo sintético

PATSY ANN
LAYMAN BAXTER
Las intenciones explícitas
e implícitas de Sansón
Agonista

PAUL TREVOR
WILLIAM BAXTER
Los azande y los pueblos
emparentados del Sudán
angloegipcio y el Congo
belga

PETER BAXTER
El zapatero
La incorporación de Perth

PHIL BAXTER
Luz de luna y sombras; un
libro de versos inspiradores
(Amarillo)

RICHARD BAXTER
Las obras prácticas del difunto
reverendo y pío señor
Richard Baxter
Explicación de Richard Baxter
de sus ideas actuales refe-
rentes a las polémicas acerca
de la perseverancia de los
santos. Ocasionadas por la
burda y errónea divulgación
de algunos pasajes de su
libro llamado «El método
correcto», para la tranqui-
lidad de conciencia y que
quedaron excluidos en la
última impresión para evitar
cualquier ofensa
La arrogancia de la razón
contra las revelaciones
divinas reprimidas
Galwad ir Annychweledig
idroi a byw

RICHARD BAXTER
El cuerpo en el quiosco
Quédate junto a la superficie

ROBERT BAXTER
Las carreras de Doncaster
El irvinguismo: su aparición,
desarrollo y estado actual
El pánico de 1866 y sus
lecciones sobre la Ley
de Moneda

ROBERT DUDLEY BAXTER
La redistribución de escaños
en los condados

RODERICK HILDEGAR
BAXTER
La Logia Quatuor Coronati,
n.º 2076

RONALD BAXTER
Gigante al sol

SHANE V. BAXTER
La sombra de un pistolero

STEPHEN BARTOW BAXTER
El desarrollo del Tesoro

S. T. BAXTER
Catálogo de joyería etrusca
con algunos ornamentos
romanos y lombardos

SYLVESTER BAXTER
La arquitectura
hispanocolonial en México
El crucero de la caravana

La colección Morse de
cerámica japonesa

THOMAS BAXTER
(FISCAL GENERAL
DE LAS BARBADOS)
Carta de un caballero en las
Barbados (T. Baxter) a su
amigo ahora en Londres,
referente a la administración
del gobernador B........g.

THOMAS PRESTON
NOWELL BAXTER
La soledad: alocución a los
miembros de la Sociedad
Amiga de las Chicas

THOMAS RICHARD BAXTER
Obispos caribeños

T. S. BAXTER
La capilla inghamita
de Salterforth

T. W. BAXTER
Edificios de los archivos
del África subsahariana

VALERIE BAXTER
La joven policía

WALTER BAXTER
La imagen y la investigación
(una novela)

WALTER RALEIGH BAXTER
El calotipo

WILLIAM BAXTER
Vida de Knowles Shaw:
El evangelista cantante

WILLIAM BAXTER
(CONSERVADOR DE
LOS JARDINES BOTÁNICOS
DE OXFORD)
Botánica fanerógama
británica

WILLIAM BAXTER
Construcción de
conmutadores
Elevadores hidráulicos

WILLIAM BAXTER
(DIRECTOR DE LA
ESCUELA DE LENCEROS
DE LONDRES)
Propuestas para imprimir
por suscripción D. Guliemi
Baxteri quae superstunt
enarrationes & notae in
D. Junii Juvenalis Satyras
Accurante Mose Gulielmio

WILLIAM BAXTER
(RECTOR DE LA UNIVER-
SIDAD DE ARKANSAS)
Las batallas de Pea Ridge
y Prairie Grove

MUY HONORABLE WILLIAM
EDWARD BAXTER
Consejos a los pensadores

WILLIAM EDWARD BAXTER
América y los americanos

WILLIAM EDWIN BAXTER
La vocalista emplumada
Notas sobre el efecto práctico
en los periódicos de revo-
car el impuesto de los sellos,
el de la publicidad y los
impuestos internos sobre
el papel

WILLIAM F. BAXTER
Hombres o pingüinos

W. G. BAXTER
Las obras completas de Elijer
Goff

WILLIAM HART BAXTER
Loudon's Hortus Britannicus

W. H. BAXTER
Un verdadero amigo para
todos los que desempeñarán
el papel de verdadero amigo
para sí mismos

WILLIAM JOSEPH BAXTER
Distribución y gestión de las
cadenas de tiendas

WILLIAM JOSEPH BAXTER
Japón y Estados Unidos deben
trabajar juntos (1940)
No hay peligro de inflación
(1946)

WILLIAM MORLEY BAXTER
El sol y el astrónomo
aficionado

WILLIAM RALEIGH BAXTER
El manual del químico

WILLIAM SMITH BAXTER
Datos sobre la visión, la vista
cansada y las gafas

WILLIAM THOMAS BAXTER
Joyería, corte de gemas
y artesanía del metal

WILLIAM
THRIEPLAND BAXTER
La casa de Hancock

WINIFRED J. G. BAXTER
El manual de las tareas
domésticas de Edimburgo

147

DURANTE SEIS FELICES AÑOS TRABAJÉ
COMO EDITOR DE POESÍA EN
THE NEW YORK REVIEW OF BOOKS